Vattemare (Alexandre) 1864. Décembre. 5. Monsieur Delaborde à la Bibliothèque

COLLECTION VATTEMARE

VENTE

DES

DESSINS, AQUARELLES

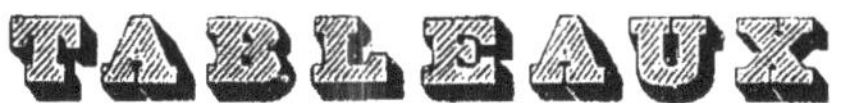

GRAVURES ANCIENNES

MÉDAILLES

Mes COUTARD & DELBERGUE-CORMONT,
Commissaires-Priseurs ;

Assistés de MM. LECLERE, pour les Dessins, Tableaux, Gravures ;

Et de M. ROLLIN, Expert pour les Médailles.

PARIS — 1864

RENOU & MAULDE

IMPRIMEURS DE LA COMPAGNIE DES COMMISSAIRES-PRISEURS

Rue de Rivoli, 144.

CATALOGUE

DE

DESSINS

Anciens et Modernes

AQUARELLES, ESQUISSES

DES ÉCOLES FRANÇAISE, ALLEMANDE, BELGE, ANGLAISE & AMÉRICAINE

TABLEAUX

GRAVURES ANCIENNES

PORTRAITS

Vues d'Europe, Caricatures du XVIIe siècle de France, Sujets des diverses Écoles

MÉDAILLES

Composant la Collection de feu ALEXANDRE VATTEMARE

DONT LA VENTE AURA LIEU

HOTEL DES COMMISSAIRES-PRISEURS

Rue Drouot, n° 5

SALLE N° 3, AU PREMIER ÉTAGE

Les Lundi 5, Mardi 6, Mercredi 7, Jeudi 8, Vendredi 9 Décembre 1864,

A DEUX HEURES PRÉCISES

Me **COUTARD**, Commissaire-Priseur, rue de la Chaussée-d'Antin, 24,
Et Me **DELBERGUE-CORMONT**, son Confrère,
rue de Provence, 8,
Assistés de M. **LECLERE**, pour les Dessins, Tableaux et Gravures,
rue Neuve-Coquenard, 6,
Et de M. **ROLLIN**, Expert pour les Médailles, rue Vivienne, 12,
CHEZ LESQUELS SE DISTRIBUE CE CATALOGUE

EXPOSITION PUBLIQUE

Le DIMANCHE 4 Décembre 1864, de midi à cinq heures.

PARIS — 1864

ORDRE DE LA VENTE

PREMIÈRE VACATION — *Le Lundi* 5 *Décembre :*

N°s 100 à 251.

DEUXIÈME VACATION — *Mardi* 6 *Décembre :*

N°s 251 à 400.

TROISIÈME VACATION — *Mercredi* 7 *Décembre :*

N°s 401 à 550.

Les Tableaux et les Tabatières, n°s 540 à 550,

(A TROIS HEURES)

QUATRIÈME VACATION — *Le Jeudi* 8 *Décembre :*

(A UNE HEURE 1/2 PRÉCISE)

Les Gravures, n°s 551 à 714.

CINQUIÈME VACATION — *Le Vendredi* 9 *Décembre :*

(A UNE HEURE 1/2 PRÉCISE)

Les Médailles. — N°s 1 à 99. — Dessins anciens.

Les Lots indiqués au Catologue pourront être divisés, à la volonté des vendeurs.

M. Alexandre VATTEMARE s'est acquis dans le monde savant et artistique en France, en Europe et en Amérique, un nom distingué comme artiste d'un talent très-remarquable et surtout par son projet d'échange international, dont il eut la pensée dès 1815.

Il a établi des relations intimes avec les hommes les plus célèbres de notre temps; en Angleterre Walter Scott lui a dédié des poésies, Kriloff en Russie, Lamartine en France.

Il partit pour l'Amérique en 1839 et fit le voyage le plus extraordinaire et le plus incroyable qui ait été jamais accompli. Tous les Etats de l'Union lui ont accordé leur concours et le président Van Buren obtint à l'unaminité un bill en faveur de son projet d'échange.

Son amour pour les beaux-arts l'a rendu cher aux artistes ; et c'est ainsi que tous se sont empressés de le fêter et ont voulu qu'en les quittant il emportât des preuves de leur confraternité. De là cette Collection magnifique de Dessins, Peintures, Aquarelles, Autographes, qu'il a conservée avec une grande vénération.

Qui ne se rappelle avoir vu la splendide exposition qu'il fit en 1843, à la Maison Dorée, au bénéfice des pauvres ?

Sa mort, survenue dans un âge peu avancé, va en amener la dispersion.

C'est certainement le musée le plus intéressant qui ait été rassemblé par un particulier. M. Vattemare conçut l'idée de faire un Album cosmopolite, dont les planches, qui ont été publiées et reproduites par des artistes célèbres de France et d'Allemagne, donnent une haute idée du but qu'il s'était proposé.

La Collection se compose des œuvres des artistes les plus éminents de la France, de l'Allemagne, de l'Angleterre et de l'Amérique.

Des rois, des empereurs et des princes amis des arts, artistes eux-mêmes, viennent aussi y prendre leur place. Les lettres autographes des collaborateurs de l'œuvre se trouvent pour constater l'authenticité des dessins.

M. Vattemare a, dans une période de plus de quarante années, obtenu un résultat énorme. Ses magnifiques dessins qu'il avait recueillis dans ses voyages; ses études, les recherches patientes qu'il a faites, doivent appeler l'attention des Amateurs et des Marchands.

Nous citerons les principaux noms des artistes distingués qui ont fourni leur contingent dans cette Collection universelle.

Nous n'oublierons pas Raffet, qui a reproduit *deux dessin* [illegible] 'empereur actuel de Russie; — et une aquarelle de *Schultz*, de Berlin.

M. Victor Hugo a un dessin à la plume très-remarquable, le baron Gros une esquisse de la Révolte du Caire, Bouton un intérieur du Colysée de Rome, des dessins des ducs de Bordeaux et de Reichstadt, du sculpteur

Pradier, d'Horace Vernet, d'Ary Scheffer, un dessin capital de Grandville.

Parmi les peintres belges : Hague, Overlaet, Lauters, Wappers, Van Brée, Verboeckhoven, Morenhout, Bosboom, Geefs le Sculpteur.

Dans l'école des Pays-Bas : Schotel de Dordrecht, Pieneman, Mayer, Van Hove, Van Eysden, Schelfaut.

Les Prussiens sont nombreux et intéressants; les noms des célébrités y figurent, tels que : Schirmer, Schadow, Begas, Eybel, Hoffgarten, Biermann, le roi de Prusse, Wach Blechen, Dahling, Sonderland, Dahl, Hildebrandt, Achenbach.

Viennent les écoles de Bavière, de Hesse-Cassel et d'Autriche, dont Raphael de Winter, les Quaglio, l'abbé Dillis, Morgenstern, Ender, Louis Schnorr, Furich, Walter Retsch, Ottitie Weit et Edward Schnorr, les Nahl, Muller Mades.

L'école russe nous fait connaître des artistes de mérite, tels Notbeck, le prince Gagarin, le comte de Tolstoï, Yegoroff, l'empereur Nicolas, l'empereur Alexandre actuel, Orlowski, Jacobs, Sauerweid.

Parmi les Suisses, Topfer et Mind, surnommé *le Raphaël des Chats*, Pinelli, le roi de Portugal don Fernando.

L'école anglaise occupe un rang distingué par ses aquarellistes brillants et aimables : Aylme d'Edimbourg, Penley de Londres, Alpine Mulready, Calcott, John et Edward Landseer, Chalon, Stanfield, Roberts, Lord Egerton, Nash, une page magnifique de David Wilkie, Knight.

L'école américaine n'est pas en arrière, et les noms suivants font connaître de bons peintres : Bennett, Carlin sourd-muet, Oakley, Philippe de Brooklyn, Sully, Darley, Latrobe, Mme Love.

Nous ne pouvons citer tous les noms d'artistes distingués par leur talent, mais le Catalogue les fera connaître.

Après cette énumération, il est utile de dire un mot de la Collection des Gravures qui renferme une série nombreuse de portraits historiques par les principaux graveurs.

Des pièces des Écoles allemande, française, flamande, sur bois et sur cuivre, des caricatures politiques et des almanachs des XVIIe et XVIIIe siècles, un nombre considérable de vues anciennes, des costumes, etc.

Les Tableaux sont en très-petit nombre; mais nous appelons vivement l'attention des curieux sur un saint Sébastien du Guide, un Moine en prière de Carlo Dolci, deux petits ivoires représentant la Flagellation et le Christ à la colonne.

Une belle Tabatière en or, avec une mosaïque de Rome représentant les cascatelles de Tivoli, don du roi de Prusse à M. Vattemare.

La Collection de Médailles sera vendue le vendredi 9, par les soins de M. Rollin.

La Collection des autographes sera vendue vers le mois de février, et sera annoncée par de nouveaux Catalogues et insertions.

DÉSIGNATION

DESSINS ANCIENS

1 **Ecoles allemande et italienne.** 4 dessins à la sanguine.

2 **Armanni.** Allégories de l'Amour. 2 dessins,

3 **Baader.** Sainte Famille ; inachevé. 1 dessin.

4 **Balestra.** Sujets religieux, à la plume, lavés. 5 dessins.

5 **Balestra.** l'Enfant Jésus et un Saint. 2 dessins.

6 **Barca.** Compositions diverses. 4 dessins.

7 **P. Berettini de Cortone.** Sujets religieux, à la plume et à la sanguine. 5 dessins.

8 **Du même.** Croquis à la plume. 4 dessins.

9 **Du même.** Dessus de portes, lavés à l'encre de Chine. 5 dessins.

10 **Ecole italienne.** Compositions religieuses. 6 dessins.

11 **Ecole allemande.** Paysages, sépia et encre de Chine. 10 dessins.

12 **Berghem** (Attribué à). Moutons, Chiens, Chevaux. 2 dessins.

13 **Bianchi Ferrari**. Assomption de la Vierge et Sainte Famille. 2 dessins.

14 **Birmann**. Paysages lavés. 2 dessins.

15 **Boettner**. Portraits sur papier bleu. 2 dessins.

16 **Bolognini et autres**. Compositions diverses. 4 dessins.

17 **F. Boucher**. Vénus et l'Amour ; a été gravé par Daullé. 1 dessin.

18 **Camassei, Camuccini**. Portraits et Sujets lavés et au crayon. 4 dessins.

19 **Cantarini, Capella**. Hercule couronné, Christ, etc., 5 dessins,

20 **Ecole allemande**. Paysages, sépia et encre de Chine. 10 dessins.

21 **Giulio Carpioni**. Enfants, Vierge et Jésus, 5 dessins.

22 **Du même**. Compositions à la sanguine. 3 dessins.

23 **Ecole des Carraches**. Religieux en prière, Enfants. 5 dessins.

24 **Castiglione Chauveau**. Orphée, le Veau d'Or, etc. 4 dessins.

25 **Chodowiecki**. Têtes et Portraits. 3 dessins.

26 **Carlo Cignani**. Sujets religieux et mythologiques. 5 dessins.

27 **Cignaroli et autres**. A la plume et lavés. 7 dessins.

28 **Claessens**. Portement de la Croix. 2 dessins.

29 **Corona, Courtois, Crespi.** Vierge,Cavaliers, Allégories. 9 dessins.

30 **Diziani, Dorigny, Van Dyck**. Motifs de plafonds, Têtes sujets Religieux. 6 dessins.

31 **Ecole allemande**. Paysages, grottes lavés, encre de Chine. 10 dessins.

32 **Ecole espagnole, Furini**. Assomption de la Vierge. 3 dessins.

33 **Ghitti, Girodet, Trioson**. Adoration de Jésus, lavés encre de Chine. 3 dessins.

34 **Godecharle et autres**. Sujets d'Amours. 3 dessins.

35 **Guercino, Guido Reni**. Judith, Vierge, Cavaliers. 5 dessins.

36 **Heemskerk, Janssens**. Sujets religieux. 3 dessins.

37 **Angelica Kauffmann**. Moïse sauvé des eaux. Têtes de Guerriers. 2 dessins.

38 **Gérard de Lairesse**. Forges de Vulcain, chasse, tête d'Homme. 4 dessins.

39 **J.-B. Leprince**. L'horoscope, intérieur de Ferme. 2 dessins.

40 **Maffei, Maggiotto**. Adoration des Bergers. 2 dessins.

41 **Maggiotto**, tirés de la vie de Saint... 4 dessins.

42 **Carlo Maratti**. Vierges et l'Enfant Jésus. 3 dessins.

43 **D'après C° Maratti.** Sainte-Claire, fuite en Egypte. 2 dessins.

44 **Carlo Maratti.** Sujets religieux. 4 dessins.

45 **Marchioretto.** Paysages, aquarelles et sépias. 5 dessins.

46 **Marcola et autres.** Têtes d'études, sujets de genre. 5 dessins.

47 **Mariotti.** Sujets allégoriques et Têtes. 8 dessins.

48 **Biagio Martini.** Adoration des bergers, la Vierge et Jésus. 2 dessins.

49 **Mazzuoli, Mielich.** Saint Sébastien, naissance de Jésus, têtes. 5 dessins.

50 **Netscher, Novelli, Nuvolone.** Portraits, martyre d'un Saint. 7 dessins.

51 **Novelli.** Angélique et Médor. 1 dessin.

52 **Oosterhout, Orioli.** Animaux, cavaliers. 6 dessins.

53 **Paglia.** Deucalion, Vierges. 3 dessins.

54 **Piazzetta.** Têtes d'anges, chien. 4 dessins.

55 **B. Picard, Pierre, Pillement.** Adoration, Visitations, Têtes variées. 6 dessins.

56 **Pippi**, dit **Jules Romain.** Tête d'Aigle. 1 dessin.

57 **Poccetti, le Bassano.** Sujets religieux. Dessins.

58 **Porta.** Paysages, aquarelles et encre de Chine. 10 dessins.

59 **Andrea Porta**. Pastorales à la sépia. 11 dessins.

60 **Le Primatice, Procaccini**. Allégories, sujets de la Vierge. 5 dessins.

61 **Ecole de Rembrandt**. Fuite en Egypte, le Roi Saül. 3 dessins.

62 **Rezzonico. Ribera**. Petites allégories et sujets religieux. 6 dessins.

63 **Robusti**. Têtes de vieillards. 3 dessins.

64 **Rode, Rolli, Romanelli**. Sujets mythologiques, Guérison d'un aveugle. 4 dessins.

65 **Della Rosa**. Vierge et l'Enfant Jésus. 3 dessins.

66 **Della Rosa**. Sujets religieux. 4 dessins.

67 **Rosselli Rosso**. Diane chasseresse. 2 dessins.

68 **Rotari**. Portraits. 4 dessins.

69 **Du même**. Compositions religieuses, lavées. 4 dessins.

70 **Rotari**. Nymphes poursuivies par des Faunes. 2 dessins.

71 **Rubens**. Croquis de têtes. 3 dessins.

72 **Saenredam, Salimbeni, Santerre**. Saint Michel terrasse le dragon, Suzanne au bain. 3 dessins.

73 **Sebald, da Sesto**. Chaire à prêcher de Nuremberg, circoncision. 3 dessins.

74 **Signorini, Testa**. Adorations de Jésus. 3 desins.

75 **Spada Strozzi**. Plafond, têtes et croquis religieux. 4 dessins.

76 **Tiepolo**. Costumes, têtes. 4 dessins.

77 **Vanucchi**, **Vecchia**. Sainte Famille, Vierge et Jésus. 2 dessins.

78 **Tiziano Vecelli**. La Création, têtes de religieux. 3 dessins.

79 **Vianelli**, **Zampieri**, **Zucchero**. Vierge et Jésus, Visitation, Adoration des Mages. 3 dessins,

80 François **Boucher**. Repos de la Sainte Famille, d'une belle exécution. 1 dessin.

81 **Kuytenbrouwer**. Trois têtes de béliers. 1 dessin.

82 **Par divers artistes**. Etudes de figures et académies. 13 dessins.

83 **Ecole française**. Têtes d'hommes et femmes. 4 dessins.

84 **Manière de Le prince**. Sujets de pastorales. 2 dessins.

85 **C. E. Clerget**. Motifs d'ornements et animaux. 4 dessins.

86 **Cocchi**. Mosquée et intérieur de cloître. 2 aquarelles.

87 **Abel Dufresne, de Baux**. Paysages et études. 4 dessins.

88 **Par divers artistes**. Paysages, avec animaux. 6 dessins.

89 **Maîtres chinois**. Figures de mandarins. 4 aquarelles.

90 **Même école**. Grandes compositions de figures. 4 aquarelles.

91 **Même école**. Vue du palais de Pékin, théâtre Japonais. 3 aquarelles. *L. A. C.*

92 **Même école**. Oiseaux, fleurs, coquilles. 20 aquarelles.

93 **Par divers**. Paysages et vues. 4 aquarelles.

94 **Mme la Comtesse de Polignac**. Pastorale. 1 sépia.

95 Quatre études de paysages, encre de Chine, sépia.

96 **Ducornet**, né sans bras. Le Choléra en 1832.

97 .... Mort de Nicolas Ier, empereur de Russie.

ÉCOLE FRANÇAISE

(*L. A. C.* indiquent les pièces de *l'album cosmopolite*).

100 **Monthelier**. 1 Château de Lourdes. Sépia. **C. Pensée**. 1. Paysage. Sépia.

101 **Bouton fils**. 1 Vue des caveaux de Saint-Denis. Aquarelle.

102 **Victor Hugo**. 1 Vue du beffroi de Lierre. Dessin à la plume. *L. A. C.* — Les dessins de l'auteur, d'une plume ferme et hardie, sont très-rares.

103 **Gavarni**. 1 Portrait. Mine de plomb.

104 **Léon de Laborde**. 1 Costume arabe. Aquarelle.

105 **Th. Masson**. 1 Vue de la Madeleine. Aquarelle.

106 **Texier**. 1 Vue de la mosquée de Tapana. Sépia. *L. A. C.*

107 **Lina Jaunez, Sydonie Delatouche.** 4 paysages. Sépias, aquarelles.

108 **Bouton père.** 1 Vue des arcades du Colysée. Aquarelle d'une riche couleur. *L. A. C.*

109 **Pernot**. 1 Château d'Abbotsford. Sépia.

Serda, artiste de l'Opéra. 1 Hameau dans le canton de Vaud. Dessin.

110 **A. Devéria.** 1 Rêverie. Aquarelle.

111 **Bordeaux** (Le duc de). 1 Son portrait dessiné par lui-même. Mine de plomb. — Ce dessin a été donné à M. Vattemare par le prince.

112 **Reichstadt** (le duc de). 1 Mameluck, d'après Carle Vernet. Crayon noir.
1 Tête de cheval, d'après Carle Vernet. Crayon noir.

113 **J. Pradier**, le sculpteur, membre de l'Institut. 1 Femme et enfant. Dessin aux trois crayons.

114 **Théophile Fragonard.** Lecture devant le comité à la Comédie française. Aquarelle.

115 **Ducis**, de Cambrai. 1 Paganini. Aquarelle.

116 **Matis**. 2 Paysages. Aquarelle et sépia.

117 **Chantron** (le colonel). 2 Vues dans l'Isère. Aquarelles.

118 **Révoil**, de Lyon. 1 Grec fuyant avec ses enfants. Sépia.

119 **Francia**. 2 Plage de Calais. Mer agitée. Aquarelles.

120 **Ary Scheffer**. 1 Sujet du moyen âge. Belle aquarelle, d'un précieux fini.

121 **Grandville**. 1 Walter Scott shériff. Dessin à la plume. *L. A. C.* Pièce capitale d'une vérité étonnante.

122 **Arnoult, Soulié**. 4 Cathédrale de Toul. Paysage. Au crayon et à la plume.

123 **Gros** (le baron), membre de l'Institut. 1 Episode de la révolte du Caire. Beau dessin à la plume.

124 **Horace Vernet**. 1 Vue d'Orient. Croquis à la plume d'après nature.

ÉCOLE BELGE

125 **L. Hague**. 1 Eglise de Sainte-Gudule. Aquarelle d'une belle couleur.

126 **Donny**, de Bruxelles. 1 Clair de lune. Etude à l'huile.

127 **Kremer**. 1 Jeune homme blessé. Sépia.

128 **Loyet** (Mme veuve). 2 Têtes d'hommes d'après Rembrandt. Dessin à la plume.

129 **A. Overlaet.** 1756. 1 Joueur de cornemuse d'après Téniers. Dessin à la plume imitant la gravure à s'y tromper.

130 **Hague.** 1 Bédouin. Aquarelle.

131 **Lauters.** 1 Paysage. Sépia.

132 . . . de Bruxelles. 1 Réception de Franklin par Louis XVI. Dessin à la plume.

133 **Eeckout.** 1 Officier de lanciers. Sépia.

134 **Gustave Wappers.** 1 Les Fossoyeurs, tiré d'Hamlet. Sépia dans la manière d'Eugène Delacroix. *L. A. C.*

135 **De Brackeleer.** 1 Jeunes Savoyards. Sépia coloriée.

136 **A. Overlaet.** 1 Perdrix. Plume.
Ridderbosch. 1 Le général Bonaparte. Médaillon à la plume.

137 **Van Brée.** 1 Portrait de Rubens sur son lit de mort. Mine de plomb.

138 **Van Regemorter.** 1 Le Marchand d'almanachs. Dessin au crayon noir.

139 **Marinus**, d'Anvers. 1 Paysage. Dessin à la plume

140 **Verboeckhoven.** 1 Groupe de chèvres. Bon dessin à la plume.

141 **Verboeckhoven.** 1 Moutons au pâturage. Mine de plomb très-finie.

142 **De Namur. Vandesteene.** 3 Paysage, figure, animaux. Plume, crayon.

143 **Onghena,** de Gand. 1 Frontispice. Crayon rehaussé de couleurs.

144 **Moerenhout.** 1 Combat de cavaliers. Sépia d'une vigoureuse couleur.

145 **Van Gell** (l'abbé), de Bruxelles. 1 Bestiaux. Sépia qui rappelle les vieux maîtres.

146 **Geirnaert Van Marcke.** 4 Figure, oiseau, paysage. Mine de plomb.

147 **De Peellaert.** 4 Vue de Tongres. Paysages. Sépia.

148 **Fourmois,** de Bruxelles. 1 Paysage. Sépia.

149 **Madou, Van Marcké.** 2 La Bienfaisance. aquarelle. Général républicain. Mine de plomb.

150 **Tilmont.** 1 La Grand'mère. Aquarelle dans la couleur de Roqueplan.

151 **Delvaux.** 1 Paysage. Sépia.

152 **Van de Laar.** 1 Mort d'un guerrier. Aquarelle d'une belle couleur et d'une exécution sévère.

153 **Bosboom.** 1 Intérieur d'église. Aquarelle pleine d'effet.

154 **Victor Eeckhout.** 1 Soldat endormi. Mine de plomb.

155 **Geefs,** sculpteur d'Anvers. 1 Hippocrate refusant les présents d'Artaxercès. Dessin à la plume.

156 **Navez.** 1 Jeune femme italienne. Crayon noir.

157 **Fanton.** 5 Sujets divers. Sépias.

158 — de Bruxelles 2 Bouquets de fleurs. Aquarelles.

159 **Donny,** de Bruxelles. 2 Paysages. Etudes à l'huile et gouache.

ÉCOLE DES PAYS-BAS

160 **Schmidt,** de Dordrecht. 1 Les Politiques. Les figures sont d'une grande vérité. Sépia.

161 **Schotel,** de Dordrecht 1 Marine. Sépia.

162 **Van Hoven** (le général). 2 Vue du château de Meldave. Portail de l'Eglise de Nimègue. Sépias.

163 **Pieneman,** père. 1 Portrait du matelot. Hobein. Crayon.

164 **Van Hoven** (le général). 6 Croquis. Plume.

165 **Van Der Drieft,** de la Haye. 1 Vue prise dans les bois de la Haye. Aquarelle.

166 **Peters.** Porte de ville. Sépia.

167 **Pieneman,** d'Amsterdam. 1 Portrait du général Chassé. Dessin à la mine de plomb.

168 **Meyer.** d'Amsterdam. 1 Vue de la Seine près Rouen. Sépia rehaussée.

169 **Meyer** 1 Vue d'Amsterdam, hiver. Aquarelle d'une couleur locale.

170 **De Witt**, d'Arnheim. 1 Paysage. Aquarelle.

171 **Peter Bilderdjk**. 2 Mendiant. Paysages. Sépias.

172 **Backhuysen**, de la Haye. 2 Vaches. Scène d'hiver. Sépias.

173 **Paelman**. 2 Portrait d'Alexandre Vattemare. Plume. **Moritz**. Portrait de Van Spyk. Sépia.

174 + graveur d'Utrecht. 1 Van Dyck reconnu par Franck Hals. Aquarelle.

175 **Van den Helm**, de Rotterdam. 2 Marines qui rappellent la manière de Van Goyen. Sépias.

176 **Van Hove**. 1 Paysage avec lettre autographe. Aquarelle.

177 **Van Os**. 1 Tête de bœuf pleine de vérité. Au crayon.

178 **Van Hove** fils. 1 Intérieur hollandais. Aquarelle.

179 **Nayen de la Haye**. 1 Bateau sur le canal de Leyden, couleur locale, beaux effets. Belle aquarelle.

180 **Van Hove**. 2 Effet de neige. Paysage. Aquarelles.

181 **Davaille**, d'Amsterdam. 1 Têtes de femmes. Dessin dans le style de Rubens.

182 **Pieneman**, fils. 1 Miss Smithson, rôle de Jane Shore. Sépia.

183 **Hofft**. 2 Canal dans l'hiver. Cavalier. Sépia rehaussée.

184 **Hofft**. 2 Village de Hollande. Sépia.

185 **Van Eysden**. 1 La Demande en mariage. Aquarelle très-riche de couleur et bien agencée.

186 **J. H. Van de Laar, B. Van de Laar.** 2 La Barcarolle. Intérieur d'église. Sépia.

187 **Schelfhaut**. 1 Scène d'hiver, faite de peu et remplie d'effet. Sépia rehaussée.

188 **Schelfhaut**. 2 Paysage. Marine. Aquarelle.

189 **Schelfhaut**. 2 L'Ouragan. Vue d'un canal. Sépia. Aquarelle.

ÉCOLE DE BERLIN

190 **J. Schoppe**. 1 La Nuit, allégorie. Crayon, beau dessin très-fini.

191 **Elsholtz**. 2 Sujets militaires. Aquarelles.

192 **Schirmer**. 2 Paysage. Marine. Études à l'huile.

193 **Schadow**, sculpteur. 1 Académie de femme debout. Dessin.

194 **Schadow**. 1 Académie de femme debout. Dessin. Ces deux études sont très-finies et d'un grand naturel.

195 **Ahlborn**. 1 Jeune Italienne en prière. Crayon rehaussé.

196 **Krause. Trautmann**. 2 Paysage. Encre de Chine. Forêt étude. Mine de plomb.

197 **Tieck**, sculpteur. 1 Ariane. Vénus et Bacchus. Sépia.

198 **Hesse**, architecte. 1 Ruines de l'Abbaye de Chorin. Aquarelle.

199 **Henzel** (W.) 1 La Charité. Dessin mystique. Sépia.

200 **Schoppe. Henzel. Woss.** 3 Sainte Famille. Hudibras. Marguerite. Sépia, plume.

201 **Bégas** 2 La Vierge de Lurley. Légende allemande. Tête de femme. Crayon rehaussé très-savant.

202 **Kloeber** (de). 1 Apollon en Arcadie. Dessin à la plume.

203 **Schulz.** 2 Chien barbet. Renard. Aquarelle.

204 **Sages.** 1 Déjeuner. Peinture à l'huile.

205 **Baux** (Raymond de). 1 Mort de Gustave-Adolphe. Peinture à l'huile.

206 **Eybel.** 1 Les Prisonniers. Sépia relevée de blanc.

207 **Eybel.** 1 Angélique et Médor. Crayon.

208 **Schutz.** 1 Paysage. Sépia.

209 **Koerner** (Maria). 1 Fleurs. Aquarelle.

210 **Kolbe.** 1 Départ pour la chasse au moyen âge. Mine de plomb.

211 **Hormann.** 3 Marchande de faïence. Vivandière. Aquarelles.

212 **Hopfgarten.** 1 Ruth et Noemi. Dessin. Crayon d'une touche habile et d'une bonne exécution.

213 **Biermann.** 1 Intérieur d'un cloître. Sépia d'une grande beauté.

214 **Biermann.** 1 L'Ouragan. Sépia.

215 **Par le roi de Prusse.** 2 Palais de Pline. Architecture. Bonne entente des lignes. Crayon.

216 **Herdt.** 1 Hamlet et l'ombre de son père. Sépia.

217 **Hintze**, architecte. 1 Chapelle dans une forêt. Crayon.

218 **Wach**, directeur de l'Académie. 1 Les trois Grâces. Figures bien étudiées. Mine de plomb, relevée de blanc.

219 **Hassenpflug, Zimmermann.** 2 Étude d'arbres. A l'huile. — Soldat suédois blessé. Aquarelle.

220 **Wolcker.** 4 Études de fleurs. Aquarelles.

221 **Wolcker**, fils. **Boenisch.** 2 Étude de paysage. A l'huile. Vue des côtes de Norwège. Aquarelle.

222 **Blechen.** 1 Hermite en prière dont le paysage, particulièrement, a été l'objet d'un sérieux travail. Étude à l'huile.

223 **Blechen**. 1 Berger et son troupeau. Aquarelle.

224 **Dahling** (G. V. Von). 1 L'Agriculture. Dessin. Croquis peu avancé.

225 **Brandt**, graveur de médailles. **Jachmann.** 2 Chionée entre Mercure et Apollon. Victoire assise. Mine de plomb.

226 École de Berlin. 1 Femme et enfants. Étude à l'huile.

227 **Catel, Mauch.** 4 Sainte-Famille. Vue de l'île de Paons. Marine. Paysage. Plume, crayon.

228 **Pistorius**. 1 Le Joueur de serinette. Mine de plomb.

229 **Mauch**, architecte. 1 Vue de Terracine. Sépia.

230 **Schultz**. 2 Rendez-vous de chasse. Chiens levriers. Sépia. *L. A. C.*

231 **Schultz** (Julius), de Berlin. 1 Charge de cuirassiers, reproduite par Raffet dans l'Album cosmopolite. Aquarelle. *L. A. C. Raffet.*

232 **Schultz** (Carl). 1 Marine. Crayon relevé de couleurs. *L. A. C.*

233 **Menzel** (A). 1 Moines en prière. Sépia.

234 **Menzel** (A). 1 L'art ancien et l'art moderne. Dessin à la plume.

235 **Kruyer**. 1 Portrait de l'artiste. Crayon noir.

236 **Koeppan**. 2 Marine, effet de lune. Paysage.

237 **Krevel, Rechberg**, de Berlin. 2 Soirée musicale. Sépia. Femme italienne. Crayon noir.

238 **Eybel**. 1 Les Amants. Mine de plomb.

239 Le capitaine du génie **Elsner**. 1 Vue de Liegnitz en Sibérie. Peinture à l'huile.

240 **Gaertner, Liernuur**. 2 Vue d'une église à Berlin. Aquarelle. — Cathédrale d'Halberstadt. Mine de plomb.

241 **Grunnler**. 1 Sainte Cécile. Peinture à l'huile.

242 **Held** (Michel Von), d'après Rembrandt. 1 L'Aumône. Dessin à la plume.

243 **Schenkel, Rosel**. 2 Paysages. Pierre noire, sépia.

244 **Divers** (Par). 4 Têtes d'hommes. Crayon, aquarelle.

245 **Roch**. 2 Vue prise dans le Tyrol. Canal. Sépia, aquarelle.

246 **Maass**, de Berlin. 1 Baigneuse. Dessin aux trois crayons.

247 **Deger de Dusseldorff**. 1 Sainte Famille et Saint Joseph cherchant Jésus. Belle composition d'un dessin sévère, à la mine de plomb.

248 **Sonderland de Dusseldorff**. 1 Le Corsaire. Composition fantastique, au crayon relevé de tons légers de couleurs.

249 **Steinbrück**. 4 Moines. Tête d'enfant. Chien. Études à l'huile.

250 **Sonderland**. 3 Sujets de genre. Deux chiens. Crayon.

251 **Lazinski**. 1 Saint Paul. Sépia. *L. A. C.*

252 **Scheuren**. 1 Marine. Lavée à la sépia.

233 **Sonderland**. 1 Marchand de poisson. Mine de plomb.

254 **Schadow**. 2 Jésus aux Oliviers. Mine de plomb. *L. A. C.* Portrait de Schadow, gravé au burin avec retouche au lavis.

255 **Rosenthal**, architecte. 1 Cathédrale de Magdebourg. Dessin à la plume.

256 **Dahl**. 1 Forgeron, figure bien campée. Mine de plomb très-finie.

257 **Grabau**. 1 Étude de vaches très-vraie. Mine de plomb.

258 **Hildebrandt**. 1 Enfant de chœur en prière. Au crayon.

259 **Götting**. 1 Prière sur une tombe. Lavé d'encre de Chine.

260 **Kolb**. 1 Le Sabbat, grande composition fantastique. Aquarelle.

261 **Sonderland**. 1 Marchand de poissons. Mine de plomb.

262 **Schraedter**. 1 Le Dégustateur. Belle tête d'ivrogne. Aquarelle. *L. A. C.*

263 **Becker**. 1 Étude de forêt. Aquarelle, d'une vérité étonnante et d'une touche hardie et facile.

264 **Simler**. 1 Moutons au repos. Aquarelle.

265 **Simler, Esler**. 3 Marchand de poissons. Trompe-l'œil. Sépia.

266 **Schirmer**. 1 Paysage. Sépia.

267 **Scheurer**, **Radel**. 2 Départ pour la chasse. Sépia. — La Justice poursuivant le crime. Mine de plomb.

268 **Achenbach**. 1 Environs du Rhin. Nature et vérité. Aquarelle. *L. A. C.*

269 **Achenbach**. 1 Paysage. Aquarelle.

270 **Oer** (le baron d'). 1 Le poëte de Nuremberg, Hans Sachs. Sépia coloriée. Pièce capitale bien composée.

371 **Oer** (le baron d'). 1 Les Fiancés. A la mine de plomb. Ce dessin est d'un aspect agréable.

272 **Preyer** (le Nain). 1 Fruits. Crayon et couleur.

ÉCOLE DE BAVIÈRE

273 **Quaglio** (Laurent et Angelo). 2 La Pélerine. Vue du château Saint-Ange, à Rome. Sépias.

274 **Dorner.** 2 Paysage. Étude de forêt. Aquarelles.

275 La comtesse de **Reichberg**, de Munich. 1 Vue du château de Hohen-Reichberg. Sépia.

276 **Klein**, de Nuremberg. 1 Voiture de foin. Aquarelle.

277 **Stüler**, **Neapel**. 5 Têtes de femmes. Sépias, crayon noir.

278 **Cyrilo Gaspari**, de Munich. 1 Architecture. Lavis.

279 **Rottmann**, de Munich. 3 Moine. Vues d'Italie. Aquarelles.

280 **Raphaël de Winter.** 2 Sanglier, daim et chien, études très-vraies faites d'après nature. A la plume et à la sanguine.

281 Joseph, Dominique et Simon **Quaglio**. 3 Architecture et ruines, exécutées avec talent. Lavis à la sépia.

282 L'abbé **Dillis**. 1 Paysage. A la plume lavée, d'une touche ferme et hardie.

283 **Hanfstaengel**, **Dillis**. 2 Paysages. Aquarelle et lavis.

284 **Attman** de Munich. 1 Auberge dans le Tyrol. Dessin au crayon.

285 Dominique **Quaglio**. 1 Intérieur de cloître où l'air et la lumière circulent. Aquarelle. *L. A. C.*

286 **Morgenstern**, de Munich. 2 Études de paysages d'après nature. A la mine de plomb.

287 **Kobell**, **Rottmann**. 3 Clair de lune. Environs de Rome. Ruines d'un aqueduc romain. Sépia. Lavis.

288 Le général **Heidegg**. 1 Combat de cavaliers. Dessin au crayon.

289 **L. de Klenze**, architecte. 1 Vue prise à Rome. Mine de plomb.

290 Auguste **Neaple**, de Munich. 1 Délire d'Anacréon. Mine de plomb.

291 Michel **Weit**, d'Augsbourg. 2 Petit paysan. Portrait d'homme. Mine de plomb.

292 **Leclerc**. 3 Chardonnerets. Groseilles. Papillons. Aquarelles.

293 **Wagenbauer**. 1 Études de vaches. Mine de plomb.

294 **Voigt**, **Simler**. 5 Frises. Costumes. Tête de moine. Sépia. Aquarelles.

ÉCOLES DE L'AUTRICHE, DE BOHÊME ET DE HONGRIE

295 **J. Ender** de Vienne. 4 Épisodes de la vie de Frédéric II. Sépias.

296 **J. Ender.** 1 Jeune Fille romaine en prière. Aquarelle bien étudiée.

297 **Runk.** 1 Vue du château de Frauenberg.— Aquarelle.

298 Louis **Schnorr** de Vienne. 1 Ermite consolant une jeune fille. Belle aquarelle traitée avec soin. *L. A. C.*

299 **Manet** de Prague. 2 Paysages. Aquarelle et à l'huile.

300 Le comte de **Jenissen**. 1 Paysage. Sépia. — *L. A. C.*

301 La baronne de **Wottava** de Prague. 4 Sujets tirés des Niebelungen. Sépias.

302 **Furich** de Prague. 1 Tentation de saint Antoine, composition sage et d'une couleur brillante. Aquarelle.

203 **Walter,** directeur de l'Académie de Prague. 1 Naissance de J.-C. Sépia bien entendue et d'un dessin habile.

304 Thomas **Ender**. 1 Vue de Funchal, île de Madère. Aquarelle d'un fini très-précieux.

305 **Narwati** de Prague. **Manet**. 3 Études de paysages. A l'huile.

306 **Holtz** de Prague. 1 Vue du lac et des jardins de Luxembourg. Aquarelle.

307 Joseph **Burde** de Prague 1 Environs de Prague. Dessin à la plume.

308 **Gauermann, Schutz, Croll.** 3 Cavaliers. Paysage. Laboureur. Plume et aquarelle.

309 **Hoger** de Prague. 3 Études de cheval. Intérieur. Aquarelles.

310 Léopold **Brünner.** Joseph **Knopp.** 2 Bouquet et Vase de fleurs. Aquarelles.

311 Le comte de **Sermange. Kot** de Pesth. 5 Marine. Paysage. Figures. Aquarelle. Sépias.

312 Friedrich **Gauermann.** 3 Études de paysage, de cheval et de vache. A l'huile.

313 **Mœsmer** de Vienne. 1 Vue d'un village en Moravie. Aquarelle.

314 **Molitor** de Vienne. 1 Environs de Vienne. Sépia.

315 **Brullo.** 2 La Mort d'un moine. Évêque en prière, rappelle les maîtres du XVIe siècle. Sépia. Aquarelle.

316 **Hoger.** 2 Chutes d'eau. Aquarelles.

ÉCOLE DE LA SAXE

317 Ottilie **Schnorr.** 1 Bacchantes. Lavis sur papier bleu.

318 **Loqueyssie,** de Dresde. **Horn,** de Dresde. 2 Enfants sur un lit. Paysan assis. Mine de plomb.

319 Herman **Mayer**. 5 Tête de Christ. Anges. Mine de plomb.

320 **L. D. Friedrich**, de Dresde. 2 Fortifications en ruines. Marine. Aquarelles.

321 **Tellgmann**. 2 Têtes d'ânes. Citron, nature parlante. Mine de plomb.

322 **Werner** de Leipzig. 1 Vue de la cathédrale de Ratisbonne. Aquarelle.

323 **A**..... 2 Étude d'arbres. Chute d'eau. Plume.

324 **C. V. Hannlich**, de Dresde. 1 Allégorie. Aquarelle.

325 **Staltre**, d'Altona. 1 Étude d'arbres. Mine de plomb.

326 Moritz **Retsch**. 1 Enfants endormis. Mine de plomb très-finie. *L. A. C.*

327 Le baron de **Rumohr**. 1 Paysage. Dessin à la plume.

328 **Matthey**, de Dresde. 2 Ulysse. Les Remords d'Oreste. Lavis.

329 **Veit Schnorr**. 1 Sainte Famille, petite pièce très-belle d'exécution. Sépia lavée.

330 **Edward Schnorr**. 1 Étude d'académie. Crayon noir.

ÉCOLES HANOVRIENNE, BRUNSWICH ET HAMBOURG

331 **C. W. E. Dietrick**. 1 Cérès et Proserpine. Crayon noir.

332 **Andrews**, architecte. 1 Ruines gothiques. Aquarelle d'une riehe cculeur.

333 **Léopold** d'Hanovre. 1 Vue près de Celles, Hanovre. Sépia.

334 **Wiegmann**, architecte. 1 Les Parques. Lavis rehaussé de blanc.

335 **G. Schrœder**. 1 Famille de paysans, duché de Brunswick. Aquarelle.

336 **G. Schrœder.** 2 Scène d'intérieur. Paysage. Aquarelles. *L. A. C.*

337 **Barthels**. 1 Éducation de Bacchus. Grande sépia bien composée.

338 Christian **Eli**. 2 Études de fleurs. Aquarelles.

339 Carl **Moritz**. 1 Portrait de Goëthe très-ressemblant. A la mine de plomb.

340 Carl **Keul**. Louise **Lavigne**. 5 Portraits: hommes et femmes. Crayon.

341 **Stuhlmann**. 2 Études de chiens. Aquarelle et lavis.

342 Martin **Gensler**. 1 Intérieur. Aquarelle. *L. A. C.*

343 **Flor**. 1 Songe de Raphaël. Étude à l'huile.

344 **Cocchi**. 1 Vue d'Italie. Aquarelle.

345 **Bendixen**. 2 Auberge allemande. Dolce far niente. Aquarelle. Lavis.

346 **Kauffmann**. 1 Chasseur. Mine de plomb.

347 **Lehmann**. **Herterich**. 3 Vues de l'Elbe. Paysage. Sépias. Mine de plomb.

348 **Specter**. 3 Sujets tirés des poésies d'Attalbert de Chamnisat. Dessins à la plume.

349 **Schon**. 3 Portraits d'hommes et d'enfant. Mine de plomb.

350 Mme **Jenisch**. 1 Portrait de femme. Sépia coloriée.

351 **Hesse**. 1 Orgie dans les caves de l'Hôtel de Ville de Lubeck. Aquarelle.

352 **Groux**, vice-consul à Hambourg. 1 Effet de neige, bonne étude d'après nature. Aquarelle.

353 **Groux**. 2 Paysages vrais et d'une bonne main. Aquarelle. Sépia.

354 **Gensler**. **Groux**. 2 Cloître de la cathédrale de Lubeck. Paysages. Aquarelle. Sépia.

355 **Stuhlmann**. 1 Chasse. Dessin plume.

356 Martin **Gensler**. 1 Famille du Holstein. Sépia.

357 **Fohr**. **R**. **Suhrland**. 2 Coucher de la Fiancée. Scène d'intérieur. Plume. Encre de Chine lavée.

358 **Wiegmann**, **Salucci**. 2 Vues d'Italie, ton chaud, bonne couleur. Aquarelles.

ÉCOLE DE HESSE-CASSEL

359 **W**. **Nahl**. 1 Mazeppa attaché sur un cheval sauvage. Aquarelle.

360 Carl **Nahl**. 1 Étude de tigre et lion. Aquarelle.

361 **Beuter.** 2 Intérieurs d'églises. Lavés d'encre de Chine.

362 **Müller,** de Cassel. 1 Ruth et Booz. Plume lavée.

363 **Thlée,** de Cassel. 1 Départ du jeune Tobie. Composition monumentale décorative. Mine de plomb.

364 **Müller.** 1 Le Pêcheur de Gœthe. Aquarelle.

365 **Müller.** Job sur son fumier. Grande et belle composition. Sépia et crayon blanc.

366 **Mades.** 2 Études de paysages. D'après nature, très-vraies. A l'huile.

367 **Ruhl,** architecte. 1 Paysage. Aquarelle.

368 **Pinhas.** 3 Portraits d'homme, femme. Aquarelle. sépia.

369 **Primavesi,** de Cassel. 1 Paysage. A l'huile.

370 **Appel** (Frédéric) 1 Ancien Couvent de Breetnau. Belle entente de la perspective. Aquarelle.

371 **Muller Burghard.** 1 Savant dans son cabinet. Mine de plomb.

372 **Beuter.** 3 Intérieurs d'églises. Lavis et aquarelle.

373 **Tellgmann,** sourd-muet. 3 Études de rochers, Paysages. Crayon et lavis.

374 **Euler,** de Cassel. 1 Tête d'épagneul. Pleine de naturel. Etude à l'huile.

375 **Tellgmann, de Beek.** 2 Études d'arbres. Rochers Dessin à la plume, aquarelle.

376 **Muller.** 3 Études de paysages. Lavis, mine de plomb.

377 **Muller** (Abraham). 1 Visite des Anges à Abraham. Mine de plomb.

378 **Meyer** (Ernest). 1 Scène fantastique des Contes d'Hoffmann. Aquarelle. *L. A. C.*

379 Le comte **Boudissen**. 3 Cloître, Paysage, Vue du Château Saint-Ange. Aquarelle. Mine de plomb.

380 **Dahl**, **Noël de Fréville**. 2 Paysages. Etudes à l'huile.

ÉCOLE RUSSE

381 Le baron **Clodt**. 1 Gens du peuple. Aquarelle.

382 **Notbeck**, de Saint-Pétersbourg. 1 Épisode de l'Histoire de Russie. Dessin à la plume très-bien composé et d'un faire large.

383 **Tschermitz**, officier russe. 1 Vue de la Neva. Esquisse à l'huile.

384 **Vasils**. 1 Vue de l'Académie des Arts, à Saint-Pétersbourg. Aquarelle.

385 **Yegoroff**. 1 Jésus-Christ prêchant. Dessin à la plume, lavé, les figures sont bien posées.

386 Le prince **Gagarin**. 4 Portraits de Pugatcheff et Scènes populaires. Lavés à la sépia.

387 **Yegoroff**. 3 Jésus et les Enfants. Nativité. Mine de plomb.

388 **Sauerweid**. 1 Officier circassien. Aquarelle. *L. A. C.*

389 Comte Théodore de **Tolstoï**. 2 Episodes de l'Histoire de Russie. Groseilles. Dessin à la plume. Aquarelle.

390 **Orlowski**. 2 La Statue équestre de Poniatowski. Lavis imitant le bronze et au crayon.

391 **Notbeck**, de Saint-Pétersbourg. 1 Le Minotaure. Aquarelle.

392 **Notbeck**. 1 Hercule enlève Proserpine. Dessin à la plume.

393 **Orlowski**. 1 Trompette de cavalerie. Aquarelle.

394 **Yegoroff**. 2 Saint Pierre et Saint Paul. Plume, lavé.

395 **Yegoroff**. 1 Apollon et les Muses. Mine de plomb.

396 **Brullow**. 1 Apôtre précédé par un Ange. Plume.

397 **Brullow**. 1 Paysans Russes en prières. Dessin, lavé.

398 **Brullow**. 1 Jeune Dame surprise. Sépia.

399 **Jacobs**, de Saint-Pétersbourg. 3 Allégories. Dessins à la plume. Bien composés.

400 Le prince **Gagarin**, **Pontiaka**, aide de camp. 2 Portrait du Cocher de l'impératrice de Russie. Aquarelle. — Enfant pêchant à la ligne. Dito.

401 **Orlowski**, **Alenin**, de Saint-Pétersbourg. 2 Circassien à pied. Dessin crayon. — Promenade en traîneau. Aquarelle.

402 **Sauerweid.** 1 Circassien tirant le fusil. Aquarelle.

403 **Bramson.** 1 Trompe-l'œil. Gouache.

404 L'Empereur **Nicolas I**er. 1 grenadier russe. Dessin à la mine de plomb.

405 Le Grand-Duc **Alexandre.** 2 Cavalier au galop. Cavalier blessé. Sépia et aquarelles reproduits en lithographie par *Raffet*, dans l'Album Cosmopolite. *L. A. C.*

406 **Alenin.** 2 Feuilles copiées d'un manuscrit russe. Aquarelle.

407 **Alenin.** 1 Danse de Paysans russes. Sépia.

408 **Sauerweid.** 1 Baptême du Grand-Duc Nicolas. Aquarelle. *L. A. C.*

409 **How,** de Saint-Pétersbourg. 1 Portrait du Grand-Duc Alexandre. Dessin mine de plomb.

410 **Helmersen.** 2 Kalmouks. —Cascade d'Imatra, en Islande. Sépia.

411 **Sauerweid.** 8 Costumes suisses et circassiens. Aquarelles.

412 **Plakoff.** Le baron de **Stackelberg.** 2 Esclave russe. Aquarelle. — Grec. Mine de plomb.

413 **Pontiata** 3 Marche de troupes russes. Paysage. Aquarelle.

414 **Babouss.** 1 Vue du Palais du Grand-Seigneur, à Constantinople. Aquarelle.

415 Le prince **Gagarin.** 2 Zeibeck. Scène populaire. Aquarelles.

416 **Chermitzo**. 2 Marche de Lanciers. Aquarelle. Paysage. Peinture à l'huile.

417 **Sauerweid**. 6 Cosaques, Circassiens et Scènes de la Russie. Aquarelles.

418 **Venisisianolt**. 1 Assomption de la Vierge. Esquisse à l'huile.

419 **Marcoff**. 1 Émigration en Russie. Aquarelle.— Cette composition, d'un grand nombre de figures, est d'une exactitude complète pour le rendu des costumes.

420 **Avorin**, diacre. 2 Tête d'enfant. A l'huile. — Paysage. Mine de plomb.

421 **Gabersetzel**. 2 Scènes italiennes. Sépia.

422 **Reihel - Reutern**. 5 Portraits et costumes russes. Mine de plomb et plume.

423 Le baron **Clodt**. 1 Attelage russe. Aquarelle.

424 **Kollmann**. 2 Voitures russes. Aquarelles.

425 **Topfer**, de Genève. 1 Vue de l'Église de Lausanne. Sépia.

426 **Topfer** et autres. 3 Paysannes de la Suisse. Aquarelles.

427 **Hesse**, de Basle. 6 Caricatures. A la plume.

428 **Mind**, dit le Raphaël des Chats. 1 Groupe d'Enfants jouant. Aquarelle très-vraie.

429 **Auber**, de Genève. 2 Paysages. A la suie.

430 **Hesse**, de Basle. 1 Vue de Schmadribuch. Plume.

431 **Pinelli**. 1 Scène italienne. Bonne aquarelle.

432 **Pinelli**. 1 Famille Italienne. Aquarelle.

433 **Kock**, de Rome. 1 Le Calvaire. Dessin à la plume.

434 **Macco**, de Rome. 1 Ville des Etats du Pape. Aquarelle très-étudiée.

435 **Vélasquez** (D'après). 2 Cavaliers. A la plume.

436 **Fernando**, roi de Portugal. 1 Ecurie portugaise. A la plume. *L. A. C.*

ÉCOLE ANGLAISE

437 **Aylmes**, de Londres. 1 Vue d'Edimbourg. La nature prise sur le fait. Aquarelle.

438 **Penley**, de Londres. 1 Paysan, descendu de cheval, cause avec une femme sur la route. Aquarelle très-vigoureuse de ton.

439 Le capitaine **Marryat**. 1 Vue de Gyndusch-Ferry, île de Ceylan. Sépia.

440 **A.**, de Dublin. 1 Vue du lac de Killernay. Aquarelle. *L. A. C.*

441 *** de Londres. 2 Marine. Etude à l'huile. — Miss **Catogan**. Vue de l'Hospice de Saint-Bernard. Sépia.

442 **Alpine**, graveur à Londres. 1 Scène vénitienne-Aquarelle d'une couleur brillante.

443 Le capitaine **King**. 2 Vue de Boulogne-sur. Mer. Étude à l'huile.

444 **Daw**, de Londres. 1 Etude de Nègre. Aquarelle.

445 **Calcott**. 1 Vue de Vérone. Grande aquarelle sur papier gris très-riche d'effet. *L. A. C.*

446 **Mulready**. 1 Homme lisant un journal. Dessin à la plume. Très-fini.

447 **Thackerray**. 1 Le Diable Ermite. Aquarelle.

448 Le Cheval **Talcott**. 2 Vue de la Tamise. Aquarelle.

449 **Wright**. — **Thackerray**. 2 Scène d'Ivanhoë. Aquarelle. — Le Séducteur. A la plume.

450 **Watt**. 1 Vue d'un Moulin Aquarelle.

451 **Calcott**. 2 Mendiant. Vue de la Tamise. Dessin à la plume et lavé. Très-joli d'exécution.

452 **Nash** (J.) de Londres. 1 Église de la Toussaint à Hasting. Aquarelle d'un faire large et facile, pleine de vérité.

453 **Landseer** (John). 1 Village Crayon.

454 **Landseer** (Edwyn). 1 Le Cerf mourant. A la plume, rehaussé de blanc. Beau motif d'un faire admirable.

455 **Wilkie** (le chevalier David). 1 Épisode de l'histoire d'Ecosse. Aquarelle. *L. A. C.*

456 **Ross** (capitaine). 1 Effet de mirage. Aquarelle.

457 **Chalon** (A. E.) 1 Étude de femme. Au crayon.

458 **Strutt** (Mlle) de Derby. 1 Vue de rocher dans le Derbyshire. Sépia.

459 **Ward** (James), graveur du roi. 1 Étude de cheval. Mine de plomb.

460 **Knight** (G. P.). 1 Moissonneur. Belle et bonne étude d'après nature. Aquarelle.

460 bis **Stanfield**. Vue de Pardon sur la Moselle. Aquarelle.

461 **Stanfield**. 1 Vue de Saint-Ouen à Rouen. Jolie aquarelle très-habilement coloriée.

462 **Pickersgill** (Mlle de). 1 Religieuse. Aquarelle.

463 **Chalon** (J.-J.) 1 Paysage. Belle sépia très-hardie.

464 **Roberts**. 1 Fortress of the Alhambra. Aquarelle très-capitale.

465 **Watt**, graveur de Londres. 2 Ruines de l'abbaye de Metthey. Mine de plomb.

466 **Egerton** (lord). 2 Châteaux de Dumbarton. Aquarelles.

467 **Corbeau** (Mlle Louise). 1 La Ration quotidienne. Aquarelle.

468 **Pickersgill** (R.-A.). 1 Femme de l'Orient. Aquarelle. *L. A. C.*

469 **Divers**. 4 Vue de Bath, Marine, Têtes. Aquarelles, dessins.

470 **Cadogan**. 2 Jeunes Grecs. Aquarelles.

ÉCOLE AMÉRICAINE

471 **Bennett** (W.). 1 Sloop de la rivière Hudson. Aquarelle bien lavée.

472 **Demming** (Charlotte), **Harwey**, de New-York. 3 Vue du lac Champlain. Chute du Niagara. Aquarelles.

473 **Philipp de Brooklyn** (W.). 1 Faust. Etude à l'huile.

474 **Benwich** (James). 2 Vues du fort Putnam et de Batskill. Aquarelles.

475 **Morse** (S. F. B.). 1 Jeune Fille de Naples. Étude à l huile.

476 **Cole**. 2 Vues du lac de Schroon. Aquarelle. Étude à l'huile.

477 **Oackley** (G). 1 Dame américaine. Peinture à l'huile.

478 **Carlin**, sourd-muet. 1 La Mort par la soif dans le désert. Scène horrible. Aquarelle.

479 **Jngham**. 2 Scène d'Henri VI, tragédie de Shakespeare. Dessin à la plume. — Vue d'Amériaue. Aquarelle.

480 **Werr**. 1 Marine. Aquarelle pleine de vérité.

481 **Mount** (W. S.). 1 Portrait d'une dame. Mine de plomb.

482 **Davis** (Alexander J.), architecte. 1 Université de Michigan. Aquarelle.

483 **Mount-Hall**. 3 Paysage, Têtes. Dessin, crayon.

484 — de New-York. 1 Saint Paul catéchisant son gardien. Aquarelle.

485 **Brown** de New-York. 3 Paysage. Sépia. — **Morser**. Chapelle à la madone. Aquarelle.

486 **Philipp de Brooklyn.** 1 Pèlerin en prière. Aquarelle faite avec art et intelligence.

487 **Edmonds.** Homme assis. Étude à l'huile.

488 **Agathe** (F.) de New-York. 3 Indiens. Dessin au crayon. — **Jeffrey** (Mlle). Insectes. Aquarelle.

489 **Baker.** 1 Vue du lac sur la montagne de Kattskill. Étude à l'huile.

490 **Smith** de Baltimore. 1 Paysage américain. Aquarelle très-finie et bien étudiée.

491 **Oakley.** Vue prise sur la rivière d'Hudson. Étude à l'huile.

492 **Durand** (A.-B.). 2 Franklin découvrant l'électricité. Sauvages américains. Études à l'huile.

493 **Harvey** (Georges). 3 Chute du Niagara. Paysages. Aquarelles.

494 **Mouse** (T.) et autres. 5 Marines. Sépias, dessins.

495 **Wal** (W. J.) de New-York. 1 Vue du lac Lough. Aquarelle.

496 **Wilks** (Commodore). Th. **Birch.** 3 Vues de Washington. Marine. Dessin, sépia.

597 **Pord**, de Philadelphie. 1 Peter Elin, Indien. Bonne aquarelle d'après nature.

498 **Asthon-Doughty.** 3 Études de paysages. A l'huile.

499 **Sully.** 1 Petites filles jouant dans un jardin. Aquarelle dans la manière et la couleur de Diaz.

500 **Darley** (O. C). 1 Le Retour de la chasse. Grand dessin à la plume très-étudié.

501 **Darley**. 1 Jeune garçon jouant avec un chien. Crayon noir. — **Hosland**. Cascade. Mine de plomb.

502 **Holmes**, de Philadelphie. 1 Moulin sur la rivière Brandywny. Aquarelle d'une couleur gaie et aimable.

503 **Bisch**. 1 Paysage. Sépia.

504 **Russellsmitht**. 1 Vue de la maison de Washington. Étude à l'huile.

505 — 1 Vue de Chambersburg. Aquarelle très-fine et vigoureuse.

506 **Darley**. 1 Paysage. Pierre noire.

507 **Latrobe**. 3 Vues de Marietta. Aquarelles.

508 **Samson** (Josh.). 1 Minerve tenant le drapeau américain. Pièce de calligraphie excessivement curieuse.

509 **King** (C. B.), de Washington. 1 Cor-bor-Mappa, chef des Sauvages. Peint à l'huile.

510 **Mondelli**. **Pomarède**. 3 Vue du Caire. A l'huile. — Vue de la Nouvelle-Orléans. Dessin,

511 **Meenerbrenker**. 1 Portrait de Pomarède, peintre. Pastel.

512 **Fulton** (Robert). 1 Paysage. Lavis.

513 **Latrobe**, 4 Paysages. A la mine de plomb. d'un dessin très-savant et d'une grande exactitude.

514 **Meenerbrenker.** 1 Sauvages chamanges. Mine de plomb.

515 — 2 Vue du Capitole. Palais du Président. Encre de Chine, lavé.

516 **Champan** (J. C.) de Washington. 1 Débarquement de cinquante Anglais. Aquarelle qui rappelle Eugène Lepoitevin.

517 **Willis**, de Québec. 13 Costumes d'Américains. Aquarelles.

518 **Cutt** de Boston. 3 Études d'arbres. Marine. Mine de plomb, sépia.

519 **Canova,** frère du sculpteur établi à la Nouvelle-Orléans. Laocoon. Mine de plomb.

520 **Pomarède**. 1 Vue de la Nouvelle-Orléans. Étude à l'huile.

521 **Moreau de Jonnes**. 1 Habitants de l'île de Cuba. Mine de plomb.

522 **Miahle** (Frédéric). 3 Vue des environs de la Havane. Mine de plomb.

523 **Vespucci** (Mlle America), de la Havane. 1 Chien de chasse. Aquarelle.

524 **Dalgolato** (Ramon Conalejotti). 1 Mlle de La Vallière. Miniature sur ivoire.

525 **Angrand,** consul de France à Lima. 1 Intérieur d'église à Lima. Aquarelle.

526 **Luyas** (Camilo), avocat à la Havane. 1 Christophe-Colomb. Pierre noire estompée.

527 **Pleumondon**, de Québec. 2 Martin-pêcheur. Geai bleu. Études à l'huile.

528 **Griffis** (le capitaine), à Montréal. 1 Vue de Québec. Mine de plomb.

529 — de Québec. 1 Jonction des trois rivières. Aquarelle.

530 **Pleumondon**. 2 Maisons de paysans. Aquarelles.

531 — de Québec. 1 Martyre de Françoise Gonannhatenha. Étude à l'huile.

532 **Love** (Mme). 1 Vue prise à Waterloo, au Canada. Belle aquarelle bien lavée et chaude de couleur.

533 **XXX** (le colonel) de Québec. 1 Le Fer à cheval. Aquarelle.

534 — 1 Chasseurs sauvages. Étude à l'huile.

535 **Pleumondon**. 5 Vues de Québec et des environs. A l'huile.

536 **Latrobe**. 3 Vues du Canada. Dessins.

537 **Holzinger** (Joséphine). 2 Études de fleurs. Aquarelles.

538 **Mayer** (Mlle). 4 Vues d'Orient. Grandes aquarelles.

539 13 Pouss ou marques distinctives des Chinois et des Mandchoux. Broderies en soie d'un joli travail.

TABLEAUX

540 GUIDO RENI. Martyre de saint Sébastien. La tête est d'un grand sentiment religieux. Etude belle et savante du nu.

541 CARLO DOLCI. Moine en prière, petite perle d'un fini précieux.

541 bis. ÉCOLE GRECO-RUSSE. Saint Nicolas.

542 EMAIL DE LIMOGES. Sainte Famille.

543 ITENBACH. Jésus à Emmaüs, 1834.

544 ECOLE ITALIENNE. Sainte Famille, sur bois.

545 NIGG, de la Manufacture impériale de Vienne. Jolie Corbeille de fleurs sur porcelaine.

546 HAGEN. Intérieur de forêt en Allemagne, effet de lune.

547 SCULPTURE SUR IVOIRE. Le Christ à la Colonne.

548 Id. Id. La Flagellation du Christ.

548 bis. Croix byzantine.

TABATIÈRES

549 Belle Tabatière en or d'Allemagne, avec mosaïque représentant les cascatelles de Tivoli. Don du roi de Prusse à M. Vattemare.

550 Tabatière en or gravée. Don du roi de Saxe.

550 bis Un grand cadre en bois sculpté et doré, avec allégories américaines.

GRAVURES

PORTRAITS ANCIENS ET MODERNES

GRAVÉS ET LITHOGRAPHIÉS

551 Cinq portraits. Marie-Anne d'Autriche, Charlotte d'Ailly de Picqueny, Victoire de La Rouvre, Haute et..... Madame Renée du Bec, Marie-Thérèse d'Autriche. (B. Montcornet).

552 Dix-huit portraits. Le sieur Morosini, Messire Gratian Menardeau, César de Bourbon duc de Vendôme, Carolus Gonzaga, François de Vandosme, Henry de Guenegaud, Fr.-Anthoine Barbarin, Henri-Charles de La Trémoille, Henry d'Orléans duc de Longueville, Louis cardinal de La Valette.

553 Onze portraits. Loys de Bourbon, prince de Condé, Charles de Gontaut de Biron, Loyse de Lorraine, Charles de Lorraine, duc de Guise, Henry de Montmorency, Anne duc de Joyeuse.

554 Onze portraits. Ernestus-Adalbertus Ab Arach, Oxenstiern Gustave-Adolphe, Adrianus Heereboord, Charles de Lorraine duc d'Elbeuf, Franciscus de Andrada.

555 Vingt portraits. Henricus-Cornelius Agrippa, Petrus Apianus, Petrus Belloius, Arthurus Lake, Joannes Posthius, Georgius Laubius, Mustapha Bassa, M. Cyriacus.

556 Vingt portraits. Paschalis Cionnia, Ptolomæus Alexandrinus, Hornecius Barbarossa, Hieronimus Mercurialis, Mareschal de La Force, Georg Pflug, Johannes Camman, Andreas Cludius, Burchardus Mitobius.

557 Vingt portraits en pied. Otho, Mainhardus senior, Ludovicus I, Henricus, Leopoldus I, Ludovicus II, Boius, Mainhardus II, Margarita Albertus III, Leopoldus II, Wilhelmus II anticus, Leopoldus, Ernestus.

558 Dix portraits. Georgius Basta, Margareta D. G. Philippi III, Johannes Nœvius, Maria Hispan. infans, Franciscus Aretinus, Nicolaus Cisnerus, Michael Marcellus poeta.

559 Neuf portraits. Clemens Marotus, Anna-Franz de Bassompierre, Carolus Madrucius, Magnus dux Wurtembergensis, Carolus Mansfeldiæ, Lodovicus D. G. Rex Hungariæ.

560 Six portraits. Carolus Mansfeldiæ, Johannes Zamoiski, Ludovicus IV, Carlo III, duca di Lorena.

561 Dix portraits. Albertus, Matthias, Berlicheus, Magnus D. G. dux Wurtemberg. Ludovicus Madricius, Nicolaus Paltius, Eustachius Wolowicz, Johannes Medices.

562 Dix portraits. Elisabeth Koniginn Frankreich, Elenora Herzogin von Mantua, Serenis. Maria Hedwig Augusta, Anna Principis Walliæ, Amalia princessin von Engelland.

563 Vingt portraits. Claude de Bullion, Bertrand du Guesclin, Maurice duc de Noailles, L. H. de Bourbon prince de Condé, Princeps a Vaudemont, Sainct Yves, Pierre Nicole, Sebastian Le Preste de Vauban, Philippe de Vendôme.

564 Cinq portraits. Marie-Anne d'Autriche, Maria-Leopoldina Ferdinando III, Margarita Austriaca, Amelia-Elisabetha D. G. Hassiæ, Françoise-Marie de Bourbon.

565 Vingt portraits. Personnages célèbres de la collection de Desrochers.

566 Dix portraits. Marguerite d'Autriche, Sara ducissa Marlebrigensis, Isabella-Clara von Osterreich, Sophia Ludovica.

567 Douze portraits de papes. Urbanus VII, Urbanus VIII, Paulus quartus, Paulo V, Clemens VII, Gregorius XV, Julius III.

568 Cinq portraits. Andreas Tiraquelius, Joannes de Werth, Anna D. G. Poloniæ, Andreas Caül.

569 Vingt-un portraits gravés sur bois. Pandulfo Petruccio, Peter von Navarra, Antonio Leva, D. Justinus Goblerus, Aloisio Gritti, Alfonso Davalos, Ferdinando Corteso.

570 Trente portraits. Adam Pastor von Dorphem, Jos. Jacobus Bauller, Johan Aldringer, Albertus IV, Thomas Munzer, Clemens Marot.

571 Vingt-cinq portraits. Henrici Khunrath, François de Scepeaulx, Conradus Wimpina, Helena a Rossaw, Manasses comte de Pas, Johan Agricola.

572 Vingt-quatre portraits. Güntheri Shwartzburgici, Philipps Gottfrid, Cornelius Grapheus, Fridericus Achille, dux Wurtembergensis, Christianus IV, Clara-Maria-Joan Bembo, dux Venetiar, Antonio Priuli, Aloïsius Contareno.

573 Huit portraits. Otto IV, Otto rex Ungharice, Henricus III, Eberhardt Barbati, S. Arnoldus, Anchises.

574 Sept portraits par Wierix. Carolus Magnus, Philippus II, Alexander Farnesius, Henricus III, Ignatius de Loyola, Franciscus Xaverius.

575 Sept portraits gravés par Nanteuil. Messire George de Scudery, Petrus du Cambout de Coislin, Messire Hugues de Lionne, Carolus-Mauritius Le Tellier, Michael Le Masle, Carolus-Mauritius Le Tellier, Jean Petre.

576 Deux portraits gravés par de Larmessin. Louis XV d'après Van Loo, Petrus Mayeur.

577 Deuxportraits gravés par Drevet. Claude Leblanc, M. Leonardus Delamet.

578 Six portraits. Gédéon Barbier du Metz, par Edelinck, d'après Rigaud ; Etienne-François d'Aligre, par Cathelin, d'après Cochin ; Don Philippe, infant d'Espagne, par Balechou, d'après Viali.

579 Portrait. Charles Ier et sa famille, par Baron, d'après Van Dyck.

580 Quatre portraits. Louis-François Lefèvre de Caumartin, Philippe fils de France, François-Michel Le Tellier.

581 Cent portraits. Femmes célèbres d'Angleterre, d'Allemagne et de France. Ce n° sera divisé.

582 Un portrait. Anne infante d'Espagne, par Nanteuil.

583 Cinq portraits. Henriette Stuart, Elisabeth-Charlotte palatine du Rhin; Marguerite Bécaille.

584 Un portrait. La chevalière d'Eon, par Cathelin.

585 Trois portraits. Mesdames Louise-Elisabeth de France, Marie-Louise-Thérèse, Marie-Henriette, d'après Nattier.

586 Sept portraits de la reine Marie-Antoinette.

587 Deux portraits. Jehan van Leyden, Knipperdolling, par Aldegraff.

588 Soixante portraits d'hommes célèbres de l'Allemagne, de l'Angleterre et de la France.

589 Soixante portraits gravés, Allemands et Hollandais.

590 Quarante-huit portraits de peintres, architectes et libraires d'Allemagne et de Hollande.

591 Soixante portraits flamands, hollandais et allemands.

592 Dix portraits de peintres-sculpteurs. Colin de Vermont, François Boucher, Van Clève, Louis de Boulongne, Antoine Coypel, Noel Coypel, Charles Delafosse, Simon Guillain, Jean de Troy, Antoine Pesne.

593 Cent soixante portraits gravés d'hommes célèbres d'Allemagne avec riches entourages. Ce numéro sera divisé.

594 Huit portraits d'artistes. François Chauveau, Annibal Carrache, Augustin Dubuisson, Claude Perrault, Jean-Baptiste Oudry, Nocret, Le Pérugin.

595 Quatre portraits gravés. Philippus Guilielmus, par Henry Hondius, Isabella Austriaca, Van Gaelen, Jean-Christophe Comes a Buchain.

596 Trente-huit portraits d'hommes célèbres avec entourages.

597 Trois cents portraits gravés anciens. Ce numéro sera divisé.

598 Cent quatre-vingts portraits gravés. A vendre divisés.

599 Quatre portraits des empereurs de Russie Alexandre et Nicolas et de la famille impériale.

600 Vingt portraits de personnages célèbres de la Russie, gravés au burin.

601 Vingt-neuf portraits de personnages célèbres russes gravés à l'aquatinta.

602 Vingt portraits gravés au burin, français et allemands.

603 Sept portraits en pied coloriés. Acteurs anglais.

604 Vingt portraits en pied en couleur. Hommes politiques de l'Angleterre.

605 Huit portraits d'hommes politiques anglais, gravés à l'aquatinta.

606 Quinze portraits personnages anglais.

607 Quinze portraits Napoléon Ier, Napoléon II, et d'artistes célèbres.

608 Trente portraits gravés au burin. Le général Huber, Jeanne d'Albret, Henry IV, Zschokke, l'Arioste, Henry Masers de Latude.

609 Trente-trois portraits lithographiés.

610 Quatre-vingts portraits divers.

611 Quatre-vingt-dix portraits divers, gravés.

612 Vingt portraits divers.

613 Six portraits gravés au burin par Nanteuil et d'après Saint-Jean.

614 Trente-quatre portraits gravés des diverses écoles.

615 Cent quatre portraits gravés et lithographiés des principaux personnages des États-Unis d'Amérique.

616, 617, 618, 619, 620. Collection des portraits des personnages célèbres de la galerie de Versailles, planches et texte in-fol. ; *Collection* GAVARD.

621 Douze gravures de Boucher, Coypel, Leprince et autres.

622 Quarante-huit vues d'Amérique et de la Havane.

623 Gravures à l'eau-forte et vignettes par des artistes américains.

624 Trente-cinq vignettes anglaises, gravées au burin.

625 Quatre-vingts caricatures des États-Unis d'Amérique.

626 Quarante-sept figures et portraits des sauvages de l'Amérique du Nord. Coloriés.

627 Cinq albums de lithographies, par Madou, Lauters, Darley.

628 Quatre gravures sur bois. Lucas de Cranach, Hans Baldung Grün.

629 Neuf gravures sur bois. Hans Burgmair.

630 Trois cent soixante-deux gravu es sur bois du XVIe siècle, par divers graveurs allemands. Ce numéro sera divisé.

631 Vingt-sept vignettes. Watteau, Monnet, Canot, etc.

632 Quinze gravures. Animaux, oiseaux, papillons. Nicolas de Bruyn.

633 Neuf gravures, burin. Albert Durer, Beham, Wierix.

634 Six gravures. Mellan, Braun.

635 Treize gravures, burin et eau-forte. Van de Velde, Israël La Belle, Goltzius.

636 Vingt et une gravures au burin, d'ap. Fuseli, tirées des tragédies de Shakespeare.

637 Neuf gravures au pointillé, composition d'après Morland.

638 Neuf vignettes anglaises, d'ap. Lawrence, Newton, Jackson.

639 Vingt-cinq gravures anglaises, par divers artistes.

640 Sept gravures d'ap. Hogarth, tirées du Mariage à la mode.

641 Quatre-vingt-dix caricatures lithographiées et en couleur. Charles Philippon, Wattier, Henri Monnier.

642 Collection de vues de Belgique et de sujets sur la révolution de 1830.

643 Trente-neuf caricatures belges en noir et en couleur.

644 Sacre de Charles X. 1 recueil in-fol., 1825. Texte et planches.

645 Trésor de numismatique. 68 planch. de médailles. Texte et planches.

646 Tabulæ craniorum diversarum nationum. Sandifort, in-fol. Texte et planches.

647 Deux cents vues d'Angleterre, gravées au burin. En lots.

648 Cinquante-neuf vues d'Angleterre en couleur.

649 Environ 200 vues d'Angleterre, gravées et lithographiées.

650 Soixante-quinze vues d'Angleterre, gravées et à l'aquatinte.

651 Quatre cent soixante-dix-sept vues de Suède et Norwège, par J. Marot, Aveelen et autres.

652 Cent vues, cartes et plans de villes.

653 Soixante vues d'Allemagne, gravées et lithographiées.

654 Quatre-vingts vues de Suisse et d'Allemagne.

655 Cinquante-six vues des châteaux de France de Perelle.

656 Soixante-dix vues de France, gravées et lithographiées.

657 Cinquante-six vues de France, gravures anciennes.

658 Vingt-cinq costumes coloriés des militaires et hommes d'état de la République.

659 Quinze gravures à l'eau-forte, les Muses, d'après Wach. Chats, par Mind.

660 Soixante-neuf gravures à l'eau-forte, par des artistes allemands modernes.

661 Quarante petites vues de Suisse, en couleur.

662 Vingt-cinq portraits et sujets sur Napoléon Ier, en noir et en couleur.

663 Vingt-six costumes et vues de la Suisse coloriées.

664 Vingt-quatre sujets de la Révolution française, gravés par Bertaux, d'après Prieur et autres.

665 Quatre-vingt-huit gravures, vignettes et paysages.

666 Trente gravures à l'eau-forte, au burin, vignettes, culs-de-lampe, ornements.

667 Quarante gravures des diverses écoles : têtes, marines, paysages, sujets.

668 Douze gravures de l'école française : Watteau, Boucher, Vouet et autres.

669 Neuf gravures françaises : Courtin, Fauvel, Eisen, Moreau le jeune, Lancret, Boucher.

670 Deux : bonne femme de Normandie et sa sœur, gravées par J.-G. Wille.

671 Treize gravures, d'ap. la Rosalba, Joullain, Boucher, de Favanne.

672 Seize gravures au burin, d'ap. Stradan.

673 Cinquante-six gravures, par Sébastien Le Clerc, Habert, Singleton.

674 Dix-huit têtes de saints, par Bolswert.

675 Dix travaux d'Hercule, de Franck Floris.

676 Quatorze gravures, sujets de dévotion, avec emblêmes et légendes.

677 Trente-huit gravures de Sébastien Le Clerc, Lepautre, etc.

678 Quarante-huit sujets gravés à l'eau-forte, par J. Callot : mendiants, petites figures, vues, sujets.

679 Trente-huit gravures : cavaliers.

680 Douze pièces, d'après Villamena, Franck Floris, Goltzius.

681 Six gravures, d'après Van Dyck, Passeri, Vanni, de Cavalleriis, Ph. Galle.

682 Quinze gravures, d'après Goltzius, Franck Floris.

683 Quinze gravures : Heamskerck, Léonard Gaultier, Franck Floris, Martin de Vos.

684 Dix-sept gravures : Bloemaert, Goltzius, Franck Floris, Sadeler, Bassan.

685 Vingt-trois gravures : Cornelisz Cornelissen, Ph. Galle, Wilhelm Baur.

686 Trente paysages : Wilhelm Baur, Perelle, Sylvestre, Frisius, Huysmans de Malines.

687 Vingt-cinq gravures religieuses, par Barbé.

688 Dix sujets religieux de graveurs allemands.

689 Quinze gravures : Jean et Adrien Collaert, Stradan, Hondius.

690 Dix gravures : Marc-Antoine, Crispin de Pass.

691 Quatre gravures de Daniel Hopfer.

692 Trois gravures, par Lucas de Leyde.

693 Cinq gravures, par Aldegraef, George Pencz.

694 Vingt-neuf gravures, sujets religieux, frises de l'école allemande.

695 Cinq eaux-fortes de Rembrandt.

696 Trois vues d'Anvers, d'Amiens, de Nissa, par Hollar, etc.

697 Onze gravures au burin, par Albert Durer.

698 Vingt-cinq gravures sur bois, par Albert Durer.

699 Cinq portraits : Henri IV, par Thomas de Leu; comte d'Olivarès, d'après Rubens, par Paul Pontius ; du Cambout de Coislin, le marquis de Castelnau, par Nanteuil; maréchal de Humières, par J. Lubin.

700 Vingt-quatre portraits gravés par Nanteuil, Van Schuppen et autres.

701 Six grands almanachs pour les années 1688, prise de Belgrade; 1700, cérémonies à Paris; 1703, Crémone ; 1707, Belgrade.

702 Neuf gravures : le Bal de l'Espagnol, l'Espagnol lassé de la guerre, Pronostic merveilleux, l'Espagnol affligé du mal de Naples, l'Espagnol chastré, l'Orgueil d'Espagne réduit, l'Espaignol sans cœur, l'Espagne empirée.

703 Neuf pièces satiriques : les Véritez du siècles d'à-présent, les Proverbes du temps, le Capitaine des enfarinez, Magazin des nez apportez de Nazonie, la Gazette, le Tricou imparfait.

704 Six pièces : la Desroute des Maltotiers, l'Arbre au beau fruit, Chanson nouvelle, la Guerre aux escus.

705 Quatorze pièces : le chaud Amoureux, l'Amoureux transy, le Chevalier de l'industrie, la Débauche.

706 Trente pièces critiques et satiriques du XVIIe siècle.

707 Sept gravures anglaises : Déclaration de l'indépendance, Bataille de Bunkershill.

708 Deux gravures, n° 4 du Mariage à la mode d'Hogarth, Sujet d'après le Titien, par B. Baron.

709 Dix gravures au burin, flamandes, françaises et anglaises.

710 Vingt-sept portraits modernes gravés et lithographiés.

711 Onze gravures des fêtes données au roi à Strasbourg et à Saverne.

712 Report of a Geological Survey of Wisconsin, Jowa and Minnesota by David Dale Owen, 1854. Deux vol. in-4, riche reliure.

713 Deux cent seize portraits de la collection d'Odieuvre, reliés en un vol. in-4.

714 The naval and mail steamers of the United States, by Charles Stuart. New-Yorck, 1855. 1 vol. grand in-4 relié.

MÉDAILLES & MONNAIES

1 — **Mérovingienne,** TOSUL AVARVST? Profil droit. ℞. Légende à moitié rognée. Croix cantonnée de H et O. Electrum. 1 p.

2 — **Louis XVI.** Écu de Calonne. 1 p.

3 — **Pièce obsidionale** de Zara. Aigle éployée dans un losange. ℞. Dans un cartouche, 18 F. 40, au-dessus 40. 1 p.

4 — Monnaies d'or françaises et étrangères. 8 p.

5 — Monnaies françaises depuis Charles VI, argent et billon. 54 p.

6 — Monnaies françaises. Essais en cuivre. 13 p.

7 — Monnaies anglaises. AR. 12 p.

8 — Id. espagnoles. AR. 33 p.

9 — Id. Russie et Pologne. AR. 20 p.

10 — Id. allemandes, suisses, italiennes, etc. AR. et billon. 80 p.

11 — Id. grecques et romaines. AR. 14 p.

12 — Id. chinoises avec les noms. Cuivre. 18 p.

13 — Concours en étain des 100 fr. et 5 fr. de Louis-Philippe, année 1831. 32 p.

14 — Médailles d'argent modernes, françaises et étrangères. (Ce lot sera divisé). 80 p.

15 — Monnaies belges, essais en cuivre. 13 p.

16 — Environ 1400 grandes médailles modernes, françaises et étrangères, en étain et en bronze.
(Ce numéro sera divisé en 20 ou 25 lots).

17 — Un grand lot de monnaies de cuivre, romaines, françaises et étrangères.

18 — Un lot de jetons flamands.

19 — Lot de sceaux en cire et empreintes en cire et en plomb.

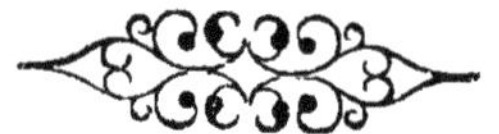

RENOU et MAULDE, imprimeurs de la Compagnie des Commissaires-Priseurs
rue de Rivoli, 144. 34827

www.ingramcontent.com/pod-product-compliance
Ingram Content Group UK Ltd.
Pitfield, Milton Keynes, MK11 3LW, UK
UKHW020413180726
13839UKWH00003B/1306

9 782329 513867